Margarete Schorege

Strohsterne
in bunter Vielfalt

Von derselben Autorin sind im FALKEN Verlag bereits erschienen:
„Dekorative Schleifen aus Bändern und Papier" (Nr. 5205)
„Fensterbilder für Advent und Weihnachten" (Nr. 5211)
„Weihnachtssterne aus Bändern, Folien und Papier" (Nr. 5231)
„Kleine Geschenke selbst basteln" (Nr. 5259)

Die Deutsche Bibliothek – CIP-Einheitsaufnahme

Strohsterne in bunter Vielfalt / Margarete Schorege. –
Niedernhausen/Ts. : FALKEN, 1993
  (Schönes Hobby)
  ISBN 3-8068-5273-1

ISBN 3 8068 5273 1

© 1993 by Falken-Verlag GmbH, 65527 Niedernhausen/Ts.
Umschlaggestaltung: Jürgen Szillat
Redaktion: Dr. Gabriele Schweickhardt
Herstellung: proof GmbH, Frankfurt
Fotos: art TECH, Foto-Design-Studio Gerhard Burock, Wiesbaden-
Naurod
Zeichnungen: Ulrike Hoffmann, Bodenheim
Reinzeichnung des Vorlagebogens: Ulrike Hoffmann, Bodenheim
Die Ratschläge in diesem Buch sind von der Autorin und vom Verlag sorg-
fältig erwogen und geprüft, dennoch kann eine Garantie nicht übernom-
men werden. Eine Haftung der Autorin bzw. des Verlags und seiner Beauf-
tragten für Personen-, Sach- und Vermögensschäden ist ausgeschlossen.
Satz: Fotosatz Creatype GmbH, Eschborn
Druck: Appl, Wemding

817 2635 4453 6271

INHALT

SYMBOLIK UND VERWENDUNG VON STROHSTERNEN

Zu keinem Fest des Jahres erstrahlen Straßen, Plätze und Häuser in so reichem Schmuck wie zu Weihnachten. Dabei haben die meisten der festlichen Dekorationen Symbolcharakter und weisen auf Ursprung und Sinn des Christfestes hin. Das gilt vorrangig für den Stern, der in der Heiligen Nacht die Weisen zur Krippe geleitete. In ihr fanden sie ein Kind auf Stroh gebettet, dem sie ihre kostbaren königlichen Gaben darbrachten.

Auf diesen Zusammenhang weisen aus Stroh gefertigte Sterne hin, die mit glitzernden Perlen und Bändern verziert sind. So eignen sich Strohsterne auch jedes Jahr wieder neu als Schmuck am Christbaum sowie in Sträußen und Gestecken oder als Raumdekoration. In speziellen Ausführungen findet man sie außerdem statt bunter Kränze an Eingangstüren.

Doch ebenso stellen sie außerhalb der Weihnachtszeit – etwa als Ketten, Mobiles oder Ringe gestaltet – ein attraktives Dekorationselement für Fenster, Wände und Tische dar. Entsprechend kleiner gearbeitet, können sie sogar phantasievoll Geschenke, Karten und Briefe zieren.

Somit sind die in diesem Bändchen präsentierten Strohsternmodelle in ihrer leuchtenden Farbigkeit und durch die vielfältigen Kombinationen des Strohs mit anderen Materialien wie Perlen, Straß, Bändern und Blüten auch über die Weihnachtszeit hinaus permanent passender Schmuck.

Die vielen unterschiedlichen Strohsternmodelle, die hier präsentiert werden, sollen dazu anregen, es doch einmal mit diesem besonderen Material zu versuchen

5

MATERIAL UND WERKZEUG

MATERIAL

Zur Gestaltung der in diesem Büchlein abgebildeten Strohsterne brauchen Sie die nachstehend aufgelisteten Materialien:

* Stroh und Gräser in Naturfarbe, gebleicht und eingefärbt
* Strohblumen und Blätter
* schmale Schleifen und Bänder sowie Perl- und Seidengarn in allen zum Stroh passenden Farben
* verschiedenfarbige Perlen aus Holz und Wachs sowie Straßsteine
* braunen und blauen Klebevelour
* Transparent- oder Butterbrotpapier zum Abpausen der Motive
* festes Papier in verschiedenen Farben (Geschenk-, Tonpapier)
* Karton für Schablonen
* Plakatkarton
* Bastband (5 cm breit)
* Blumendraht, Drahtbügel für Mobiles
* Klebstoff (Pritt Alleskleber), eventuell Knete und Kerzenwachs; Tesa
* Korken
* eine Holz- oder Pappunterlage

Lassen Sie sich von dem Material, das Ihnen zugänglich ist, dazu inspirieren, Ihre Sterne in eigenen Farb- und Formkombinationen zu gestalten

6

In diesem Büchlein wurden nur gängige Materialien verwendet. Manches Bastelgeschäft hat aber auch sein individuelles Angebot an Stroh- und Grashalmen. In einigen Großstädten gibt es Perlen-Spezialgeschäfte mit einem besonders interessanten Sortiment, darunter sogenannte Haarperlen die sich – wie Makraméeperlen – wegen ihrer weiten Öffnungen besonders gut zum Durchstecken von Strohhalmen eignen.

Wer sein Material gerne in der Natur selbst suchen will, sollte im Herbst Stroh- und Grashalme – eventuell auch Schilf – sowie Blüten sammeln. Alles wird dann zunächst an einem luftigen Ort, aber nicht in der Sonne, zum Trocknen aufgehängt und später in Plastiktüten aufbewahrt.

An Werkzeug benötigen Sie folgendes:

* scharfe und feine Scheren (Scherenschnitt-, Haut- und Nagelschere); Cutter mit Schiebeklinge;
* Locher;
* Lineal, Zirkel und Dreieck, Bleistift und Anspitzer, Radiergummi;
* Bügeleisen, -brett und -tuch;
* Gefäße zum Einweichen des Strohs;
* Tuch zum Einschlagen der feuchten Halme;
* Näh- und bunte Stecknadeln, Büro- und kleine Partyklammern;
* eventuell eine Klebepistole (Pattex Pistole, Pattex Patronen transparent elastisch) für größere Wanddekorationen

WERKZEUG

Das zum Basteln der Strohsterne nötige Werkzeug ist – wahrscheinlich bis auf Cutter und Klebepistole – in der Regel in jedem Haushalt vorhanden

7

ZUM UMGANG MIT STROH

Stroh ist ein gewachsenes, also ein lebendiges Material. Kein Halm gleicht dem anderen. Selbst die im Handel üblichen von Knoten befreiten, zurechtgeschnittenen, gefärbten und gebündelten Halme sind nicht genormt. Sie haben alle unterschiedliche Stärken und auch unterschiedlich weite Enden. Jeder Halm besteht aus Fasern, ist hohl, in der Natur äußerst flexibel und nur mit Gewalt zu zerbrechen oder zu zerfasern. Erst durch das Trocknen wird er zum „spröden" Stroh, das dann auch leicht brechen kann.

Tip: Werden die Halme während des Arbeitens zu rasch trocken, lassen sie sich mit einem feuchten Tuch oder einem angefeuchteten Wattebausch wieder flexibel machen

Einweichen: Um mit Stroh arbeiten zu können, muß man es biegsam und geschmeidig machen. Darum werden die Halme für ca. 30 Minuten in warmem oder über Nacht in kaltem Wasser, jeweils eventuell mit einem Tropfen Spülmittel, eingeweicht. Farbiges Stroh sollte in getrennten Gefäßen liegen.

Bügeln: Für einige Stroharbeiten braucht man flächiges Stroh, das man durch Bügeln erhält. Feuchten Sie dazu die Halme, da sie leicht spalten, an, oder nehmen Sie ein angefeuchtetes altes Bügeltuch als Unterlage. Sie können einen Halm im ganzen bügeln, oder Sie öffnen ihn der Länge nach mit einer Nadel und bügeln ihn zuerst von innen und dann von außen glatt. Sollten sich die Teile dabei zu stark biegen, lassen sie sich unter Büchern wieder glätten.

Schneiden: Am besten schneiden Sie Stroh im feuchten Zustand, weil es dann am wenigsten splittert. Bei sehr feinen Schneidearbeiten, etwa an Halmspitzen, läßt sich ein Abbrechen durch Hinterkleben mit durchsichtigem Klebefilm verhindern. Arbeiten Sie mit einer sehr scharfen Schere oder auf einer Unterlage mit einem Cutter.

Schlitzen: Für manche Bastelarbeit brauchen Sie schmale Strohstreifen. Dafür schneiden Sie entweder das Stroh in die gewünschte Breite, oder Sie schlitzen die Halme. Das geschieht am besten mit Hilfe einer Nadel, einer Scheren- oder einer Messerspitze auf einer Pappunterlage. Im Handel ist auch ein Strohspalter erhältlich.

Aufbewahren: Unverarbeitete Strohhalme bewahren Sie am besten in Plastiktüten auf. Flache Sterne verpacken Sie lagenweise mit je 1 Bogen Papier dazwischen in ausreichend großen, flachen Kartons; die plastischen „übersommern" unbeschadet in unbenutzten Müllbeuteln.

Naturfarbene und farbige Halme getrennt einweichen

Starke Bügelhitze färbt Naturhalme dunkler

Tip: Bügeln Sie gleich auf Vorrat, damit Sie beim Basteln eine größere Auswahl haben

Schneiden Sie stets vorsichtig, damit das Stroh nicht splittert

Verwenden Sie zum Hinterkleben transparenten Klebefilm

Tip: Durch Hinterkleben mit transparentem Klebefilm oder dünnem Papier können Sie auch ein abgebrochenes Strohteilchen wieder befestigen und so einen beschädigten Stern reparieren

Sehr schmale Halmstreifen erhalten Sie durch Schlitzen

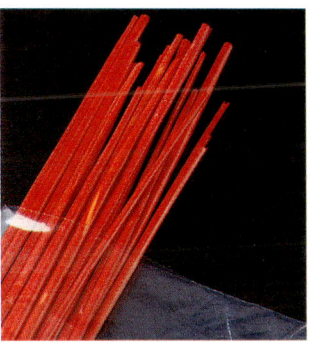

Geben Sie nur ganz trockene Halme in die Plastikbeutel

9

GRUNDTECHNIKEN

Neben der gebräuchlichen Art zur Fertigung von Strohsternen werden im Folgenden auch einige dafür bisher unübliche Gestaltungsweisen vorgestellt.

VOLKSKUNST

Bei dieser Technik werden einzelne Halme oder Halmteile in Kreuzlage aufeinandergebunden, so daß von einer Mitte her Sternstrahlen entstehen. 2 Halme ergeben so einen Vierstrahlenstern. Binden Sie einen zweiten versetzt auf den ersten, entsteht ein Achtstrahlenstern usw. Sie können auch von 6 Halmen ausgehen.

Tip: Verknoten Sie den Faden sehr stramm, damit er auch nach dem Trocknen fest zusammenhält

Halten Sie 2 Halme gekreuzt mit einer spitzen Nadel auf einem Korken fest (Abb. 1). Führen Sie den Faden unter den untenliegenden Hälften durch und über die obenliegenden darüber, und verknoten Sie ihn sehr gut (Abb. 2). Setzen Sie nun einen zweiten ebenso gefertigten Stern auf den ersten. Wenn Ihr Stern fest gebunden ist, sollten Sie ihn an den Spitzen gleichmäßig beschneiden (Abb. 3).

 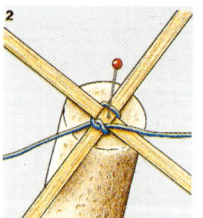 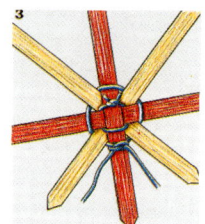

INEINANDER-STECKEN

Strohhalme lassen sich wegen ihrer verschieden weiten Enden leicht ineinanderstecken. Es können auch mehrere Einzelteile (geschlitzte Halme – s. S. 8) und sogar mehrere Halme, wenn sie in feuchtem Zustand fest zusammengepreßt wurden, in ein Ende geklebt (Pritt Alleskleber) werden. Eine Holzperle mit großer Öffnung dient dann als Halt und verdeckt gleichzeitig als zierendes Accessoire die Nahtstelle.

Tip: Bei Bedarf können Halmenden mit transparentem Klebefilm umklebt werden

Binden Sie aus 4 Halmstücken einen Stern, und schieben Sie auf jeden Strahl 1 Holzperle (Abb. 1). Knicken Sie nun 8 gleich lange, feuchte Halme in der Mitte, halten Sie je 2 Halmenden mit 1 Perle zusammen, und knicken Sie die Halme direkt oberhalb der Perle nochmals (Abb. 2).

Drücken Sie je 1 Doppelhalm in ein Halmende des gebundenen Sterns, und schieben Sie die erste Perle über die Nahtstelle (Abb. 3).

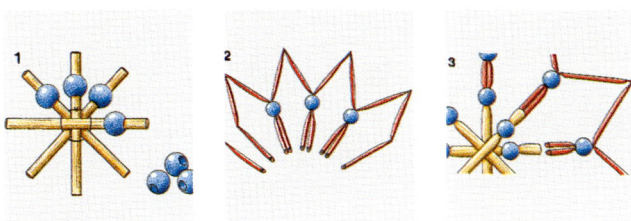

Drücken Sie die nötige Anzahl ganzer, feuchter Halme dort, wo gebündelt werden soll, fest und flach zusammen. Spießen Sie sie auf eine Nadel, um sie nebeneinander festzuhalten (Abb. 1). Umschlingen Sie das Bündel 2mal sehr fest mit einem Faden, verknoten Sie ihn gut, und wiederholen Sie das Binden (Abb. 2).
Drücken Sie dann die gekürzten, mit etwas Pritt Alleskleber betupften Fadenenden mit einer Nadel zwischen 2 Halme. (Vorher können Sie damit eine Perle festbinden.)

BÜNDELN

Tip: Verwenden Sie zum Binden sehr festes Garn, das beim Anziehen nicht reißt, weil die Halme so eng wie möglich zusammengepreßt werden müssen

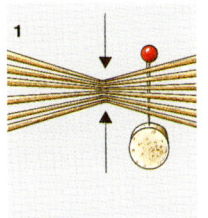
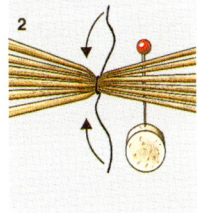

Stroh eignet sich sehr gut zum Verkleben (Pritt Alleskleber). Am besten haften die rauhen Innenflächen gebügelter, geschlitzter Halme. Auch können gewebte Strohflächen (s. S. 12) auf einen beliebigen Untergrund geklebt werden.
Das Kleben ist die Voraussetzung für die Gestaltung von Mosaiksternen. Dafür benötigen Sie flächiges Stroh. Da ein geschlitzter und gebügelter Halm nur ca. 1,5 cm breit ist, werden in beliebiger Gesamtbreite mehrere gleichfarbige gebügelte Halme sehr dicht, damit keine Schlitze entstehen, auf dünnes Papier geklebt und fest angedrückt. Sie können hier auch sehr weiche Halme verwenden.

KLEBEN

Tip: Sollten Sie an einer besonders kleinen Stelle etwas Klebstoff benötigen, dann fügen Sie ihn vorsichtig mit einer Nadelspitze ein

Mosaikstern   **Webstern**

 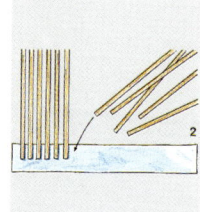

Flechtsterne

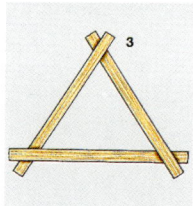 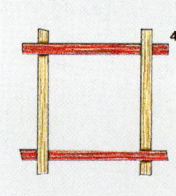 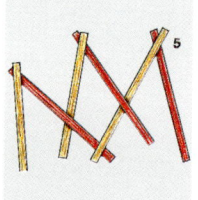

Achten Sie beim Kleben der Fläche darauf, daß zwischen den Halmen keine Schlitze entstehen (Abb. 1).

Beim Webstern werden die Halmstreifen an einem Ende auf einem Papierstreifen festgeklebt (Abb. 2).

Bei den Flechtsternen klebt man die Streifen an den Kreuzungspunkten zusammen, um dem Stern mehr Halt zu verleihen (Abb. 3 – 5).

WEBEN

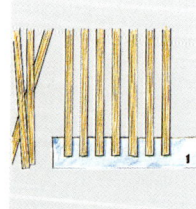 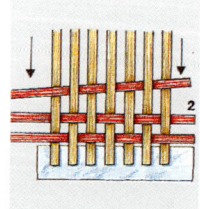

Tip: Je gleichmäßiger Sie die Streifen schneiden, und je genauer Sie die Abstände einhalten, um so akkurater wird das Gewebe

Mit Stroh können Sie auch weben. Kleben Sie dazu gebügelte und in gewünschte Breite geschlitzte Halme in beliebigem Abstand auf einem Karton- oder Papierstreifen an einem Ende 1 bis 2 cm weit fest (Abb. 1). Die Anzahl hängt vom geplanten Durchmesser Ihres Sterns ab. Weben Sie nun gleich breite Halmstreifen ein, und schieben Sie sie mit einer Nadel- oder einer Scherenspitze so dicht aneinander, wie es Ihr Geflecht erfordert (Abb. 2).

Ähnlich wie beim Weben können Sie auch einzelne Stroh-halme im Wechsel einmal auf und einmal unter einen anderen legen. Sie halten sich durch das Verflechten gegenseitig in der gewünschten Sternform fest. Die Kreu-zungspunkte sollten jedoch der Stabilität des Sterns wegen zusätzlich gebunden oder geklebt (Pritt Alles-kleber) werden, wie die Zeichnungen beim Abschnitt „Kleben" zeigen.

FLECHTEN

Das Formen von Stroh ist beim Basteln von Filigransternen wichtig. Dazu werden die Halme in benötigter Länge mit Schere oder Cutter zugeschnitten, in der Mitte geknickt und dann vom Knick her nach beiden Seiten vorsichtig über einen Messerrücken oder über eine geschlossene Schere gerundet (Abb. 1). Formen Sie nun mit der Hand nach Bedarf gleichmäßige ovale Tropfen oder Blütenblät-ter (Abb. 2).

FORMEN

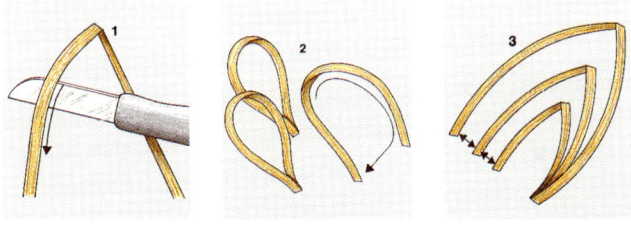

Tip: Halten Sie Ihre Arbeit wäh-rend des Bastelns immer feucht

Mehrere gleiche Motive in verschiedenen Längen und Far-ben lassen sich auch ineinanderlegen und an den Enden miteinander verkleben (Abb. 3).
Ungeknickte Streifen können Sie zu Kreisen legen. Aus feuchten Streifen läßt sich sogar eine Ziehharmonika falten. Um dabei gleichmäßige Knickabstände zu errei-chen, verwenden Sie am besten einen Maßstreifen aus Karton (Abb. 4).

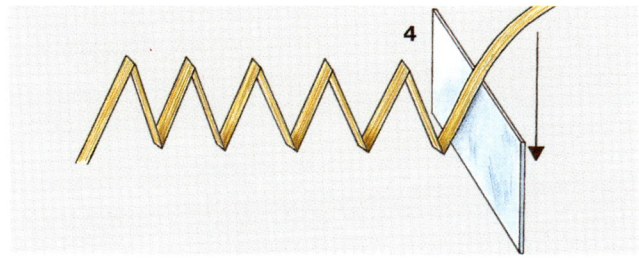

Tip: Da jeder Stern aus Einzelab-schnitten besteht, sollten Sie alle Teile immer gleich lang zuschneiden, damit Ihr Stern nicht schief erscheint

13

AUFFÄDELN

Hauptsächlich zur Gestaltung plastischer Sternformen eignet sich das Auffädeln von Strohabschnitten auf Garn oder dünnen Draht. Dafür sollten Sie möglichst stabile, feste Halme auswählen, die nicht so leicht schlitzen.

Tip: Stabilisieren Sie die Ecken mit etwas Wachs oder Knetmasse oder mit einer Perle, die Sie am eingezogenen Faden festknoten. Sie dient gleichzeitig als Dekoration

Lassen Sie einen eingefädelten Faden mit der Nadel durch den senkrecht gehaltenen Strohhalm gleiten (Abb. 1). Binden Sie nun aus 3 gleich langen Halmstücken ein Dreieck und aus 4 ein Quadrat (Abb. 2 u. 3). Eine Würfelform finden Sie auf Seite 42 beschrieben, auf Seite 44 wird sie zum plastischen Strahlenstern erweitert.

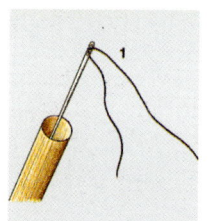 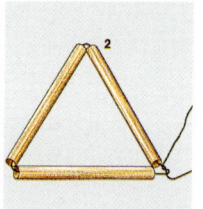 

SCHABLONEN HERSTELLEN

Für die Herstellung einer Schablone haben Sie 2 Möglichkeiten: Sie können alle Muster vom Vorlagebogen fotokopieren, sie dabei beliebig vergrößern oder verkleinern und sie dann auf Ihrem Material festklammern und exakt nachschneiden. Oder Sie pausen das Muster auf Transparent- oder Butterbrotpapier ab. Vergessen Sie dieses aber nicht auf dem Vorlagebogen festzuklammern, damit Ihr Muster nicht verrutscht. Auch nach dieser Papierschablone können Sie Ihr Material – wie eben beschrieben – schneiden.

Brauchen Sie eine Schablone für mehrere gleiche Formen, dann sollten Sie sie aus Karton oder aus dünner Pappe fertigen:

Nehmen Sie das gewählte Muster nach einer der oben beschriebenen Methoden vom Vorlagebogen ab, klammern Sie es fest auf Ihren Karton, und schneiden Sie die Umrisse nach, indem Sie zur Kontrolle der Form die Linien sichtbar stehen lassen. Nach dieser Schablone können Sie mit dem Bleistift beliebig viele gleiche Formen auf Ihr Material zeichnen.

Sollte Ihr Muster auch Innenlinien haben, wie es bei den Mosaiken zu sehen ist, dann bieten sich die beiden ersten Möglichkeiten für eine exakte Arbeit an.

VOLKSKUNSTSTERNE IN FARBE

Die hier abgebildeten Sterne sind als Wand- und Fensterdekoration gedacht. Dabei wurde die Tradition, hauptsächlich mit Naturstroh zu arbeiten, bewußt durchbrochen. Halme in unterschiedlichen Farben und farbige Holzperlen sollen diesen Sternen eine heitere Note verleihen.

Sie sind nach der Volkskunsttechnik (s. S. 10) in der Mitte gebunden und dann durch Ineinanderstecken von Strohhalmen (s. S. 10/11) weitergestaltet worden.

Die Gesamtgröße eines Sterns hängt sowohl von der Größe des Mittelkreuzes als auch von der Länge der zur Spitze geknickten und dann eingesteckten Halme ab, die die Strahlen bilden.

Flacher Stern (ca. 23 cm ø): Aus 4 Halmabschnitten (8 cm lang) sowie aus je 2 nebeneinanderliegenden, gleich langen, dünneren Abschnitten in Naturfarbe 2 Achtstrahlensterne basteln und sie zu einem Sechzehnstrahlenstern zusammenfügen. Mit einem roten, 5 mm breiten Schleifenband auf die Einzelstrahlen je 2 dünne rote Halme (8 cm lang) binden. Dreierstrahlen (außen natur, 17 cm

Tip: Sie können hier ganze Stroh- oder Grashalme und Halmteile in allen Breiten, Längen und Farben verwenden, kombinieren und unendlich variieren – etwa auch durch Kleben (s. S. 11/12)

Mehrere auf die Halme des Mittelkreuzes geschobene Perlen ermöglichen auch das Gestalten mehrerer Strahlenkränze ineinander

lang; Mitte grün, 15 cm lang; innen rot, 10 cm lang) knik-ken, mit 1 roten Holzperle (10-15 mm ø) je 2 Enden jeder Farbe zusammenfassen und sie in die hellen Einzelhalme schieben, eventuell kleben.

Stern mit Bündeln (ca. 35 cm ø): 4 Halme (natur, 8 cm lang) zu einem Achterstern arbeiten, einen zweiten aus 4 Dreier-bündeln (rot, natur, grün, je 20 cm lang) versetzt mit rotem Schleifenband (50 cm lang) aufbinden.

Je 5 naturfarbene Halme (10 cm lang) ca. 3 cm vom einen Ende entfernt bündeln und zur Spitze schneiden, das andere Ende so beschneiden, daß die Halme von der Bindestelle an 7 cm (Mitte), 5 cm und 4 cm lang sind. Nun in jeden Einzelhalm 1 Bündel stecken (kleben).

Stern mit Perlen (ca. 36 cm ø): Aus 4 blauen Halmen (20 cm lang) einen Achterstern fertigen, aus 4 Bündeln (Mitte natur, 20 cm lang; links und rechts blau, 10 cm lang) einen weiteren basteln. Den zweiten mit einem schmalen Schlei-fenband auf den ersten binden. Dreierstrahlen (außen natur, 20 cm lang; Mitte rot, 18 cm lang; innen blau, 15 cm lang) mit je 1 Holzperle (15 mm ø) zusammenfassen und auf die Einzelhalme setzen, in jeden hellen Halm des Bündels im Wechsel 1 roten und 1 hellen Zwölferstern aus je 6 Halmen (6 cm lang) schieben.

Kleben Sie in die oberen, beim Bin-den nach hinten gedrückten Halme je 1 Stern oder 1 Bündel; Sie erhalten so den Eindruck eines plastischen Dop-pelsterns

PERLENSTERNE

Sie benötigen 10 etwa 22 cm lange Strohhalme in beliebiger Farbe und 30 farblich dazu passende Holzperlen mit großer Öffnung. Bündeln Sie die feuchten Halme in der Mitte (s. S. 11). Ziehen Sie dann im Abstand von ca. 2 cm von der Mitte auf je 2 Halme 1 Holzperle auf. Beginnen Sie dabei mit den beiden äußeren Halmen, damit sich das Bündel zum Kreis schließt. Biegen Sie nun alle zusammengesteckten Halme vorsichtig auseinander, und knicken Sie jeden einzelnen direkt oberhalb der Perle leicht ab. Verbinden Sie danach je 2 Nachbarhalme mit einer zweiten Perlenreihe, die ca. 4 cm von der ersten entfernt sein soll.

Nun wiederholen Sie den ganzen Vorgang noch einmal und plazieren die äußersten Perlen dabei so weit wie möglich an das Halmende.

Messen Sie zum Schluß alle Abstände nach, und korrigieren Sie gegebenenfalls die Sternform; schneiden Sie dann noch die Halmenden oberhalb der letzten Perlen gleichmäßig ab.

Tip: Sollten nach dem Trocknen einige Perlen nicht fest sitzen, können Sie sie mit einem Tropfen Klebstoff fixieren

Die in Form und Farbe etwas rustikal wirkenden Perlensterne eignen sich vor allem als Fenster- und Raumschmuck

DER PLASTISCHE PERLENSTERN

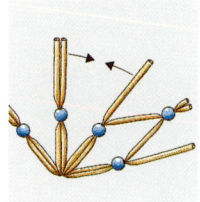

So ziehen Sie die zweite Perlenreihe auf

Sie können ausgehend vom einfachen auch einen doppelten oder einen dreifachen Perlenstern gestalten. Wählen Sie insgesamt 16 bis 24 (oder mehr) gleich lange Halme – auch in verschiedenen Farben – aus. Achten Sie bei mehreren Farben darauf, beim Bündeln (s. S. 11) immer 2 gleichfarbige Halme nebeneinanderzulegen; nur ganz außen soll es jeweils nur 1 Halm einer Farbe sein.

Arbeiten Sie nun die erste Perlenreihe auf. Für den doppelten Stern werden alle Doppelhalme einer Farbe mit der aufgeschobenen Perle nach vorn gebogen. Für den dreifachen nur 5 oder 6; dagegen werden 9 oder 10 Doppelhalme nach hinten gedrückt, und 7 oder 8 bleiben in ihrer normalen Lage. Achten Sie dabei auf eine möglichst gleichmäßige Abfolge der Farben.

Die zweite Perlenreihe sollte bei jedem Sternteil einen anderen Abstand von der ersten haben. Mit einem farbigen Band können Sie den oberen Stern ein wenig vom Rest abheben. Betonen Sie die Mitte des kleinen Kunstwerks noch mit einer Perle.

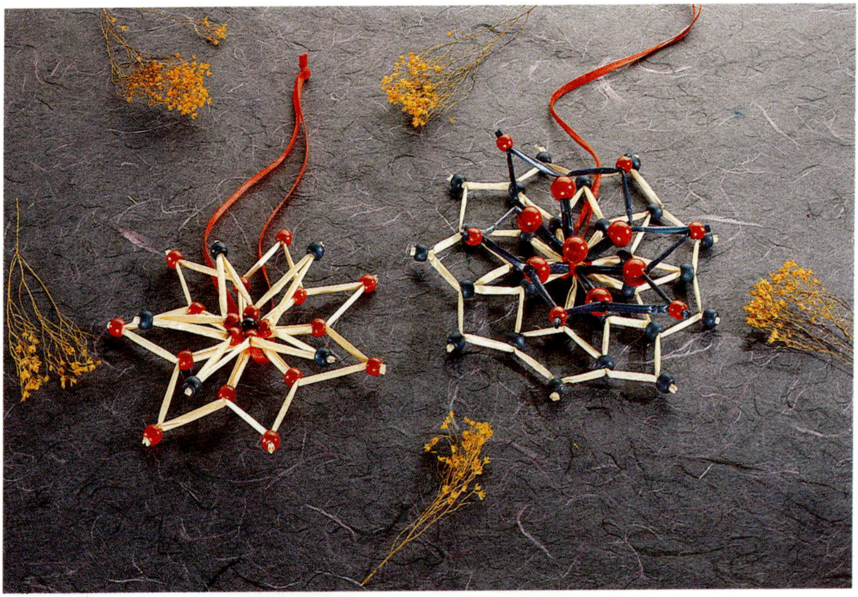

Die Mitte dieser plastischen Sterne läßt sich äußerst effektvoll und dekorativ mit einer farblich passenden Perle betonen

Die hier präsentierten mit Straß dekorierten Sterne stellen eine feingliederige Variante der Perlensterne dar. Sie bestehen jeweils aus einem Bündel (s. S.11) von höchstens 10 Strohhalmen. Es wurden immer 2 Halme im Abstand von ca. 2,5 cm zur Mitte mit einem Faden zusammengebunden. Diese Verbindungsstellen können Sie durch je 1 aufgenähten Straßstein, der zugleich als Verzierung dient, verdecken, oder Sie lösen den Faden wieder, sobald das Stroh trocken ist – es behält dennoch die gewünschte Form, wie an dem roten Stern zu sehen ist.

Arbeiten Sie die zweite Runde, wie beim Perlenstern beschrieben, durch Trennen der Doppelhalme und durch ihre Verbindung – wieder mit Hilfe eines Fadens – mit dem jeweils anderen Nachbarhalm. Die relativ weite Entfernung – etwa 7 cm – der Bindestellen zum ersten Straßkranz läßt schlanke Sternstrahlen entstehen, deren beschnittene Spitzen ebenfalls aufgenähte Straßsteine schmücken. Wählen Sie diese in einem mit dem Stroh kontrastierenden Farbe, so erzielen Sie einen besonderen Effekt.

STRASS-STERNE

Diese Variante der Perlensterne erhält durch die Kombination von **Stroh und glitzerndem Straß in Kontrastfarben einen ganz eigenen Reiz**

SONNENSTERNE

SONNENSTERN MIT DURCHWEBTER MITTE

Bündeln Sie 18 oder mehr Halme in beliebiger Länge und Farbe (s. S. 11). Durchweben Sie das Bündel, solange das Stroh noch feucht ist, mit einem farblich passenden Band (ca. 5 mm breit, etwa 1,5 bis 2 m lang). Lassen Sie den Anfang lang genug zum Aufhängen des Sterns überstehen, und beginnen Sie mit dem Weben so nahe am Mittelpunkt wie möglich. Bei jeder neuen Runde benutzen Sie den überhängenden Bandanfang zum Wechseln des Ober- und des Unterhalms. Das Band immer vorsichtig an die vorherige Runde heranschieben.

Den Radius der Webfläche bestimmen Sie selbst. Am Schluß werden beide Enden des Bandes miteinander verknotet. Soll Ihr Stern einen Perlenkranz als Mitte erhalten, dann fädeln Sie je nach Größe 8 bis 12 Perlen auf einen Faden, binden diese Kette zum Kranz und führen den Faden jeweils unter einem Halm her und durch eine Perle durch, bis der Kranz auf der Mitte fest sitzt. Verknoten Sie nun die Fäden auf der Rückseite des Sterns, und kleben Sie sie dort fest (Pritt Alleskleber).

DER KOMET

Aus einem Sonnenstern mit durchwebter Mitte kann auch ein Komet entstehen (siehe Foto). Dafür wurden zusätzlich je 9 rote und helle, recht lange Halme – im Wechsel – ca. 1 cm vom einen Ende entfernt gebündelt und am anderen schräg zugeschnitten, so daß ihre Länge zwischen 17 und 34 cm beträgt. Abschließend sind die roten Halme des Schweifs zusammen mit den roten des Sterns als Doppelhalme von dessen Rückseite her mit dem Goldband in den Stern eingewebt worden.

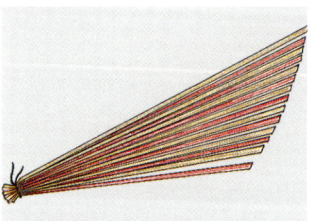

So bündeln Sie die Halme für den Schweif des Kometen und schneiden sie zurecht

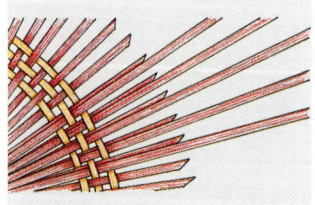

Der Schweif wird am Stern befestigt, indem man ihn mit dem Goldband einwebt

Mit ihrer durch-
webten Mitte wir-
ken die Sonnen-
sterne besonders
farbintensiv und
dadurch fröhlich.
In Gestalt eines
Kometen geben
sie eine recht
ungewöhnliche
Christbaumspitze
ab

SONNEN-STERNE ALS CHRIST-BAUMSPITZE

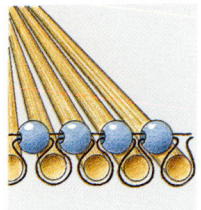

So befestigen Sie einen Perlenkranz auf dem Sonnenstern

Bündeln Sie je nach Stärke Ihres Strohmaterials zweimal 16 bis 20 Halme (s. S. 11), und lassen Sie die Fadenenden hängen. Setzen Sie beide Bündel gekreuzt aufeinander, ziehen Sie die Fadenenden des oberen in der Mitte zwischen den Halmen des unteren durch, und verknoten Sie sie unter der Bindestelle. Genauso führen Sie die Fadenenden des unteren Teils durch die Halme des oberen und verknoten sie ebenfalls.

In einer Kontrastfarbe und möglichst aus dünneren Halmen arbeiten Sie auf die gleiche Weise einen zweiten, kleineren Stern.

Zum Verzieren der Mitte nähen Sie zunächst 1 größere Perle auf die Bindestelle. Dann ziehen Sie 8 bis 10 kleine sowie etwa 12 mittlere Perlen jeweils auf einen Faden und binden jede Kette zu einem Kranz. Befestigen Sie nacheinander die beiden Perlenkränze auf dem kleineren Stern, indem Sie den Faden jeweils um einzelne Halme schlingen und durch die Perlen ziehen (siehe auch die nebenstehende Zeichnung).

Zum Schluß fixieren Sie die kleine Sonne so auf der großen, wie es oben bei den Bündeln beschrieben ist, allerdings werden die Fäden hier nur unten verknotet.

Mittels eines zwischen den beiden Sternteilen fixierten Drahtes kann man diese Christbaumspitzen auf dem Weihnachtsbaum befestigen

MOSAIK- UND ORNAMENT-STERNE

Suchen Sie sich auf dem Vorlagebogen ein Motiv aus, und stellen Sie davon entsprechend der Anleitung auf Seite 14 eine Schablone her.
Bereiten Sie nun in 2 oder mehr Kontrastfarben jeweils einfarbige Strohflächen vor (s. S. 11/12). Auf deren Rückseiten zeichnen Sie mit Hilfe der Schablone Ihren Stern. Vergessen Sie dabei nicht die diversen Teilungslinien!
Zerschneiden Sie nun alle Sterne auf den Linien mit einer Schere oder auf einer Unterlage mit dem Cutter. Sollte dabei etwas Stroh abspringen, muß es gleich nachgeklebt werden. Kleben Sie nun die einzelnen Teile, wie das Motiv es vorgibt, auf einem festen Papier wieder zu Sternen zusammen (Pritt Alleskleber). Das Papier schneiden Sie entweder genau entlang der jeweiligen Konturen ab, oder Sie lassen einen Rand stehen, den Sie auch mit einem Strohstreifen bekleben können.

MOSAIK-STERNE

Tip: Beginnen Sie die Intarsienarbeit mit dem zweifarbigen Mosaikstern, da er am einfachsten zu arbeiten ist

Die zwei- und auch dreifarbigen Mosaiksterne ergeben zweiseitig gearbeitet einen sehr dekorativen Raum-, Fenster- und auch Tannenbaumschmuck

ORNAMENT-STERNE

Wählen Sie ein Muster vom Vorlagebogen, oder zeichnen Sie einen eigenen Entwurf, und stellen Sie sich eine Schablone her (s. S. 14). Legen Sie nun die Farben Ihres Mosaiks fest, und bereiten Sie die Strohflächen vor (s. S. 11/12). Schneiden Sie zunächst die Mitte des Ornaments sauber aus der Schablone heraus, und klammern oder kleben Sie sie leicht, damit sie beim Schneiden nicht verrutscht, auf die entsprechende Strohfläche, oder zeichnen Sie die Umrisse auf deren Rückseite. Dann schneiden Sie das Strohteil aus (s. S. 8).

Ebenso werden nach und nach alle anderen Einzelteile der nächsten Runden gearbeitet.

Tip: Wollen Sie in eine größere Strohfläche ein andersfarbiges Teil einfügen, dann gebrauchen Sie den Ausschnitt als Schablone, damit die andere Farbe genau hineinpaßt

Setzen Sie jetzt alle Teile zur Probe an den für sie vorgesehenen Platz. Ist eines zu klein, muß es erneut ausgeschnitten werden, ist es zu groß, wird es angepaßt. So entsteht das Ornament von der Mitte her.

Wenn alle Teile passen, kleben Sie sie sorgfältig auf einen Karton in Konstrastfarbe. Geben Sie Ihrem Stern beim Nachschneiden Kontur durch einen überstehenden Rand, den Sie auch mit gebügelten Strohstreifen bekleben können (Pritt Alleskleber).

Wenn Sie – wie die Blüte es zeigt – die Längsstruktur des Strohs bei der Gestaltung Ihres Musters berücksichtigen, erhält Ihr Mosaik zusätzlichen Reiz

Die in Farbe und Form sehr unterschiedlichen Ornamentsterne möchten den Betrachter anregen, auch nach eigenen Entwürfen zu arbeiten

WEBSTERNE

Weben Sie in beliebiger Farbe und entsprechend der gewünschten Sterngröße ein Quadrat aus Strohstreifen (s. S. 12). Betupfen Sie dann seine Rückseite sorgfältig mit Pritt Alleskleber, und drücken Sie es flach auf ein festes Papier in Kontrastfarbe.

Schneiden Sie nun nach einer Schablone (Anfertigung s. S. 14) einen Stern aus (s. S. 8). Eventuell müssen Sie danach kleine Stellen nachkleben. Um ihm eine saubere Rückseite zu geben, kleben Sie den Stern auf die Rückseite eines farbigen Papiers. Lassen Sie beim Nachschneiden der Konturen einen Rand von ca. 4 mm stehen, den Sie mit Strohstreifen gleicher Breite bekleben können.

Nach der gleichen Schablone, jedoch spiegelverkehrt, läßt sich ein zweites Gewebe ausschneiden; kleben Sie dieses auf die Rückseite des ersten Sterns, so erhalten Sie einen zweiseitigen, sehr dekorativen Fenster- oder Christbaumschmuck.

Gewebtes Stroh in allen Farben in Sternform geschnitten und sparsam dekoriert, eignet sich besonders für kleinere Sternmodelle

Doppelseitig gear-
beitet, ergibt die-
ser Stern einen
aparten Fenster-
oder Christbaum-
schmuck mit
Glitzereffekt

Wie hier auf dem
Foto erkennbar,
können die Teile
des Gewebes, die
beim Ausschnei-
den eines Sterns
abfallen, mosaik-
artig zu weiteren
Sternen zusam-
mengesetzt
werden, die sich
gut als Dekoration
für den Webstern
eignen

FLECHTSTERNE

Sie brauchen 6 gleich lange, gebügelte Halmabschnitte beliebiger Art, Breite und Farbe und eventuell zusätzlich 3 etwas längere gleicher Art.
Arbeiten Sie nun, wie auf der Zeichnung zu sehen ist, aus 6 Halmen 2 Dreiecke, die Sie ineinanderflechten.

Tip: Halten Sie die Kreuzungspunkte mit Klammern oder Wachs fest

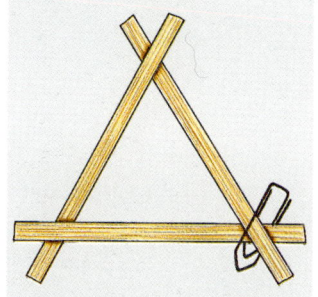 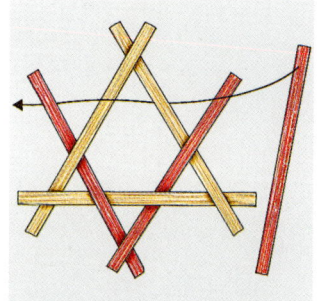

Legen Sie 3 gleich lange Halme so zu einem Dreieck, daß der Anfang jedes Halms auf dem Ende des vorherigen liegt. Die Enden können einander leicht überlappen

Das zweite Dreieck wird ebenso gestaltet, aber gleichzeitig Halm für Halm in das erste eingeflochten, so daß sich die Teile gegenseitig festhalten

Um dem Stern zusätzlich Halt zu verleihen, flechten Sie nun noch die längeren 3 Halme jeweils von einer Spitze zur gegenüberliegenden.
Es empfiehlt sich, alle Ecken zusätzlich zu kleben oder zu binden. Dabei können die Spitzen überlappend stehen bleiben oder an der Kante des anderen Halms entlang spitz zugeschnitten werden.
Haben Sie durch die Halme vor dem Bügeln einen Faden gezogen, dann lassen sich die Einzelteile an den Spitzen auch zusammenbinden und mit einer festgeknoteten Perle schmücken.
Wie das nebenstehende Foto zeigt, können Sie mehrere Flechtsterne, auch in verschiedenen Farben und Größen, aufeinanderarbeiten. Lassen Sie nur die Farbkombination wirken, oder dekorieren Sie Ihre kleinen Kunstwerke rustikal mit Strohblumen oder Holzperlen oder edel mit Straß.

Allein die unter-
schiedliche Gestal-
tung der Spitzen
setzt bei diesen
Sternen interes-
sante Akzente

DER ACHT-ZACKENSTERN

Für diesen Stern benötigen Sie 8 gleich lange, gebügelte Halmabschnitte beliebiger Art, Breite und Farbe und nach Wunsch noch 4 weitere etwas längere.

Arbeiten Sie, wie die Zeichnungen zeigen, 2 ineinandergeflochtene Quadrate. Stabilisieren Sie beim Basteln alle Kreuzungen durch Feststecken an einem Korken, durch Binden oder durch Kleben (Pritt Alleskleber).

Nun können Sie die restlichen Strohhalme jeweils von einer Spitze zur gegenüberliegenden einflechten; sie geben dem Stern zusätzlich Halt.

Die Spitzen werden wie beim Sechszackenstern zugeschnitten.

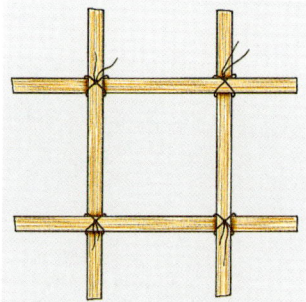 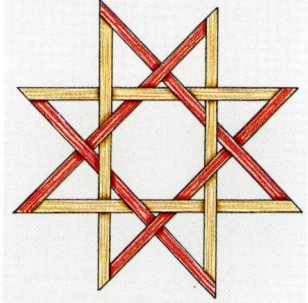

Legen Sie 4 Halme so zu einem Quadrat, daß sie an den Kreuzungspunkten jeweils um etwas mehr als ein Viertel ihrer Gesamtlänge überstehen. Dabei liegt jeder Halm auf dem vorherigen auf

Flechten Sie nun an jeder Ecke des Quadrats einen Halmabschnitt schräg ein, so daß sich seine Enden und die des Quadratgeflechts leicht überschneiden. Stabilisieren Sie die Kreuzungspunkte

Mal rustikal, mal weihnachtlich dekoriert – Strohsterne passen bei vielen Gelegenheiten als Schmuck

Sie benötigen mindestens 36 gleich lange Abschnitte von ganzen oder geschlitzten, gebügelten Halmen (s. S. 8), in beliebiger Breite und Farbe.
Basteln Sie nun den Mehrstrahlenstern entsprechend den nachstehenden Zeichnungen.

DER MEHR-STRAHLEN-STERN

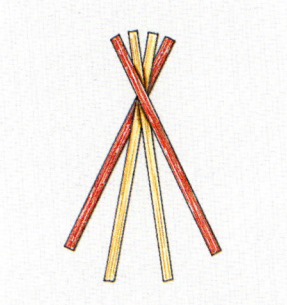 

Tip: Alle Bündel müssen mit gleichen Halmabständen gearbeitet werden

Bündeln (s. S. 11) Sie mit einem Faden oder mit Klebstoff je 4 Teile mit überlappenden Enden, die zum Schluß auch abgeschnitten werden können. Dabei liegt der linke äußere Halm unten, und dann folgen die anderen

Verflechten Sie zunächst immer 3 Bündel miteinander. Kontrollieren Sie, ob sich im Mittelteil die beiden inneren Halme der benachbarten Bündel kreuzen und unten eine Spitze entstanden ist, bevor Sie die Teile kleben

Fügen Sie jetzt alle Dreierbündel in gleicher Flechtweise zum Stern zusammen. Wenn alle Abstände stimmen und die Spitzen des Innensterns gleichmäßig sind, sollten Sie die Teile miteinander verkleben.

Das naturfarbene Stroh mit den dunkelbraunen Blättern als intensiv kontrastierendem Untergrund strahlt Behaglichkeit und Wärme aus

Dieser Mehrstrahlenstern (s. S. 31) besteht aus 36 gleich langen, im ganzen gebügelten Naturstrohhalmen (22 cm lang). Jede Strahlenspitze sowie die sternförmige offene Mitte wurden mit einem gebundenen Vierundzwanzigstrahlenstern aus dünnen roten Halmen mit je 1 aufgeklebten grünen und naturfarbenen Sechsstrahlenstern verziert.

Auf einem mit Bastband sorgfältig überzogenen Ring aus Karton (1,5 cm breit, mit ca. 25 cm ø) wurden rote und einzelne grüne Strohblüten zu einem Kranz angeordnet.

Eine achteckige Pappunterlage, mit blauem Klebevelour bespannt, dient diesem großen Wandschmuck als Halt. Zuerst wurde der Stern und danach der Kranz aufgenäht und die Fäden auf der Rückseite fest verknotet.

Alle Klebearbeiten sind hier mit einer Pattex Pistole ausgeführt worden.

Der Durchmesser des Sterns beträgt 60 cm, der der Unterlage ca. 70 cm.

MEHR-STRAHLEN-STERN ALS WAND-DEKORATION

Ein graziler Neunstrahlenstern aus Stroh als Grundlage für eine große Wanddekoration

DER STERNEN-REIGEN

Geschlitzte und gebügelte Strohhalme (s. S. 8) in beliebiger Farbe werden in 18 Stücke von je 6 bis 7 mm Breite und 5 cm Länge geschnitten (s. S. 8). Kleben Sie (s. S. 11/12) je 3 Teile zu einem sechsstrahligen Stern. Als Gerüst fertigen Sie mit Hilfe eines Kreises aus 6 farblich passenden Strohstreifen von je 3 mm Breite und 12 cm Länge ein Sechseck (siehe Abb.). Die Streifen sollen an den Kreuzungspunkten jeweils ca. 3 cm überstehen. Die Sternspitzen beschneiden Sie nach Wunsch. Kleben Sie von unten an jeden Kreuzungspunkt versetzt einen kleinen Stern. Der bei jedem Sternchen noch fehlende Strahl wird in entsprechender Länge (ca. 6 cm) und Breite (3 mm) ergänzt.

Die Entfernung zwischen den einzelnen Kreuzungspunkten beträgt genau die Länge des Radius (hier 6 cm). Markieren Sie die Punkte am besten mit Hilfe eines Zirkels

Nähen Sie auf die Kreuzungspunkte, noch bevor Sie die Sterne ankleben, farblich passende Straßsteine. So erzielen Sie interessante Glitzereffekte

Das Mobile besteht aus 15 kleinen zweiseitigen Sechs-strahlensternen in allen gängigen Farben. Sie brauchen dafür 90 Abschnitte von 6 bis 7 mm Breite und 5 cm Länge (für jeden Stern 6 Teile) sowie 30 Halmstreifen von 3 mm Breite und 12 cm Länge.

Fertigen Sie stets aus 3 Teilen Sechsstrahlensterne, die Sie auch auf der Rückseite bekleben. Je 3 lange Streifen erge-ben ein Dreieck, wobei die Enden 3 cm weit überstehen. Sind die doppelt gearbeiteten Sterne, von unten an den Kreuzungspunkten der Dreiecke fixiert, kleben Sie zusätz-lich jeweils auf der Rückseite die restlichen langen Stroh-streifen über die Sternchen hinweg auf das Dreieck (Pritt Alleskleber). Der jeweils noch fehlende Strahl (ca. 6 cm lang und 3 mm breit) wird auch beidseitig ergänzt, so daß jedes Sternendreieck 2 Sichtseiten hat.

Die 5 Dreiecke werden zu einem Mobile verarbeitet.

DAS DREIECKS-MOBILE

Tip: Die hier vor-gestellten drei- und sechseckigen Sternenreigen las-sen sich auch als Tischschmuck ver-wenden. Sie kön-nen zum Beispiel eine Kerze sehr dekorativ umrah-men

Zusammensetzen des Mobiles: An je 1 Drahtbügel für Mobiles (Bastelladen) von ausreichender Länge – die Drei-ecke dürfen sich beim Drehen nicht berühren – jeweils 2 Objekte mit beliebig lan-gem Faden knüp-fen und austarie-ren. Danach das Mobile von unten nach oben zusam-mensetzen. Auf dem Vorlage-bogen finden Sie dazu 1 Schema-zeichnung

FILIGRANSTERNE

F ür sehr zarte Dekorationen bieten sich die Filigransterne an. Ihren farblichen Reiz entfalten sie erst voll aus einem Blickwinkel von ca. 40°. Darum können sie auch an einem Faden frei beweglich wie ein Mobile aufgehängt werden.

BLÜTEN-STERNE

Gestalten Sie aus vorgeformten Strohstreifen (s. S. 13) in verschiedenen Farben jeweils gleich große Blütenblätter in beliebiger Anzahl nach den abgebildeten oder nach eigenen Modellen. Legen Sie die Blätter nach Belieben neben- oder ineinander, und kleben Sie ihre Enden an einem Punkt zusammen (Pritt Alleskleber). Überkleben Sie diese Mitte von beiden Seiten mit einem kleinen Stern, einer kleinen Blüte oder einem Kreis aus gebügeltem Stroh zur Stabilisierung der ganzen Blüte und außerdem zur Zierde.

Blüte in Gelb-Rot-Grün (ca. 20 cm ø): Sie formen aus je 10 geschlitzten Halmen in Gelb (20 cm lang), Rot (18 cm lang) und Grün (10 cm lang) Zacken, die Sie ineinanderlegen wie auf dem Foto zu sehen ist. Die Mitte bekleben Sie beiderseits mit einem gelben Punkt (15 mm ø), den ein kleinerer roter (mit einem Locher gestanzt) betont.
Blüte in Blau-Gelb-Rot (ca. 11 cm ø): Arbeiten Sie aus 8 blauen geschlitzten Halmen (10 cm lang), aus 4 gelben (8 cm lang) und aus 4 roten (7,5 cm lang) insgesamt 16 einzelne Zacken, die Sie nebeneinander anordnen. Die Mitte wird beidseitig mit einem roten Punkt (8 mm ø) überklebt.
Blüte in Blau-Gelb (ca. 10 cm ø): 6 kleine, gelbe Blätter (Halme 6 cm lang) liegen in 6 blauen Blättern (Halme 12 cm lang). Je 1 gelber Punkt (7 mm ø) auf beiden Seiten stabilisiert die Mitte.
Blüte in Rot-Blau-Gelb (ca. 15 cm ø): Sie brauchen 6 geschlitzte rote Halme (20 cm lang), 12 blaue (14 cm lang), 6 gelbe (10 cm lang) und 6 grüne (4 cm lang). Die blauen und die gelben Zacken werden in die roten gelegt. Die Mitte bekleben Sie beiderseits sternförmig mit je 3 grünen Halmstücken, auf die Sie eine gelbe sechsblättrige Blüte mit rotem Punkt (mit einem Locher stanzen) setzen.

Fügen Sie an einen Kreis aus einem Strohstreifen (Schneiden s. S. 8) eine entsprechend der geplanten Strahlenan-
zahl gefaltete Ziehharmonika an, und umkleben Sie sie
mit einem zweiten Kreis. Arbeiten Sie nun nach abgebildeten oder eigenen Entwürfen in verschiedenen Farben und
mit unterschiedlichen Knickabständen weitere Strahlen.
Die nötige Länge der Strohstreifen wird durch Aneinan-
derkleben erreicht.

Rose mit langen gelben Zacken: Kleben Sie aus gelben,
ca. 3 mm breiten Strohstreifen 2 Ringe (4,5 cm ø und
2,5 cm ø). Verbinden Sie beide mit einem roten Strohstreifen, der zu 8 Zacken geknickt ist (Knickabstand 1 cm).
Arbeiten Sie nun die gelben Zacken (Knickabstand 4 cm),
die blauen (Knickabstand 5,5 cm) und die roten (Knickabstand 7,5 cm). Kleben Sie die Farben im inneren Knick
ineinander, und fixieren Sie diese Spitzen am Außenring
jeweils gegenüber den Spitzen des inneren Zackenrings.

Rose in Rot-Blau-Gelb: Kleben Sie einen grünen Ring
(3,8 cm ø) und einen roten (1,8 cm ø). Verbinden Sie beide
mit einem gelben Achtzackenring (Knickabstand 1 cm).
An den grünen Ring kleben Sie einen roten Zackenring
(Knickabstand 2 cm) und in diesen einen gelben mit unter-
schiedlichem Knickabstand (3 und 6 cm).

Rose mit Straß: Basteln Sie einen roten Ring (5 cm ø) und einen gelben (2,5 cm ø), verbunden mit einem roten Sechszackenring (Knickabstand 6,8 cm).

Arbeiten Sie 4 gelbe Zackenringe ineinander (Knickabstände: 2 cm, 3 cm, 3,5 cm, 5,5 cm), die Sie an den roten Ring kleben. Schließen Sie außen mit einem grünen Zackenring ab (Knickabstand 6,8 cm).

Die blaue Mitte kleben Sie so, daß sie etwas hochsteht. Verzieren Sie die Rose mit 1 roten und 6 grünen Straßsteinen.

ROSETTEN

Binden Sie aus 6 oder 8 Strohhalmabschnitten einen Stern (s. S. 10). Nach eigenen Mustern oder nach den abgebildeten Modellen kleben Sie geformte Strohstreifen (s. S. 13) in verschiedenen Farben und Längen in gleichmäßiger Abfolge in die Öffnungen der Halmabschnitte. Diese überkleben Sie am Schluß deckungsgleich mit geschlitzten und gebügelten Halmteilen (s. S. 8), die Sie spitz zuschneiden.

Dekorieren Sie den Mittelpunkt nach eigenen Vorstellungen.

Bunte Rosette: 8 Halmabschnitte (5 cm lang) von ganzen Halmen werden zum Sechzehnzackenstern gebunden

(s. S. 10). In jeder zweiten Öffnung fixiert man 1 blaues Strohteil (7 cm lang) mit beiden Enden. Je 1 rotes Teil (16 cm) schließt rechts und links daneben mit 1 Ende an und überspringt mit dem zweiten 1 Halm. In die dazwischenliegenden Öffnungen wird, jeweils 1 überspringend, 1 gelbes Halmteil (20 cm lang) geklebt. In die gleiche Öffnung rechts und links daneben kommt 1 grünes Teil (20 cm lang).

Die grünen Blätter überschneiden einander, indem sie jeweils 3 Öffnungen überspringen.

Die Mitte ist mit gelben Strohstreifen (5 cm lang, 5 mm breit) beklebt.

Rosette in Natur und Rot: 6 Halmabschnitte (5 cm lang) von ganzen Halmen werden zum Zwölfzackenstern gebunden (s. S. 10). Innere Reihe: 5 cm lange und 3 mm breite rote Teile sowie 7 und 15 cm lange und 3 mm breite naturfarbene Teile in jede zweite Öffnung kleben.

Äußere Reihe: in die dazwischenliegenden Öffnungen die 12 cm langen roten sowie die 17 cm langen naturfarbenen Teile kleben.

Die Mitte ist mit 5 cm langen und 5 mm breiten Abschnitten in Naturfarbe beklebt, auf denen 3 rote Teile (1,5 cm lang, 2 mm breit) fixiert sind.

Da sich bei dieser Gestaltungsart 2 Blütenblattreihen ergeben, die einander überlagern, erhalten die Sterne ein gewisse Plastizität

PLASTISCHE STERNFORMEN

DIE AMPEL

Sie brauchen 12 stabile Strohabschnitte in beliebiger Farbe von ca. 5 cm Länge sowie 6 ca. 3 cm lange Teile, 8 Perlen und festes Garn.

Verknoten Sie in der Mitte eines 35 cm langen Fadens 1 beliebige Perle und umknoten Sie sie auch mit der Mitte von 2 weiteren gleich langen Fäden. Ziehen Sie nun auf jedes Garnende 2 längere Strohteile, und verknüpfen Sie danach je 2 Fäden miteinander. Die 6 kurzen Strohstücke fädeln Sie auf einen ca. 25 cm langen Faden und binden diese Kette zum Kreis. Legen Sie ihn so um das andere Bastelteil herum, daß Sie jeweils beide immer am eingezogenen Garn zwischen den Strohabschnitten mit einer Perle zusammenbinden können – so entsteht eine Ampel. Alle Garnenden werden nach dem Verknoten gekürzt und in eine Halmöffnung geklebt. Schließen Sie die Ampel mit einem neuen Faden, an dem Sie sie später aufhängen können, und knoten Sie noch 1 oder 2 Perlen fest.

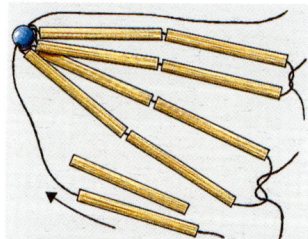
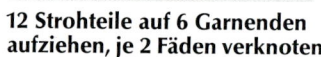

12 Strohteile auf 6 Garnenden aufziehen, je 2 Fäden verknoten

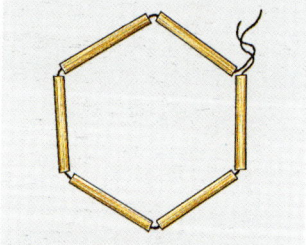

Eine Kette von 6 Halmstücken zum Kreis binden

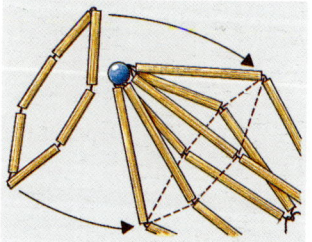

Beide Bastelteile zusammenarbeiten

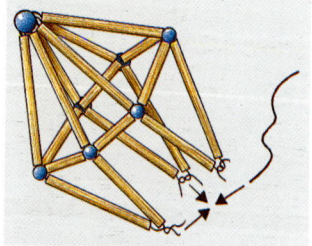

Die Ampel mit einem neuen Faden schließen

In die Mitte der
Ampel und des
Würfels können

Sie einen kleinen
Stern hängen.
Einen Glitzereffekt

erhalten Sie durch
Perlen oder Glas-
tropfen

41

DER WÜRFEL

Schneiden Sie sehr stabile Strohhalme in 24 gleichmäßige Teile von ca. 4 cm Länge.

Aus den angegebenen Maßen entsteht ein Würfel von ca. 8 cm Durchmesser; wird er zu einem Stern erweitert, hat dieser einen Durchmesser von 25 bis 30 cm.

Knoten Sie in die Mitte eines festen, ca. 120 cm langen Fadens eine geeignete Perle. Fädeln Sie danach auf jedes Garnende 2 Strohabschnitte, und verknüpfen Sie beide Fäden fest miteinander. Ein Quadrat ist entstanden.

Durchfädeln Sie jetzt von beiden Seiten eine weitere Perle, und verknoten Sie die Fäden, indem Sie sie um die Perle und um den ersten Knoten schlingen. Arbeiten Sie in gleicher Weise an dieses Quadrat 3 weitere. Nach dem Abbinden des letzten verknoten Sie die Fäden an der ersten Perle. So entsteht ein Ring aus 4 Quadraten.

Die noch losen 8 Ecken werden nun auf jeder Seite gesondert durch die übrigen Strohabschnitte verbunden. Ziehen Sie dazu eines der Fadenenden durch ein Strohteil eines Quadrats bis zu einer losen Ecke, und knüpfen Sie es an dem bereits eingezogenen Faden fest. Nun fädeln Sie eine Perle auf und verknoten sie wie eben.

Nehmen Sie jetzt einen neuen Strohabschnitt auf den Faden, und verknoten Sie ihn an der nächsten losen Ecke. Arbeiten Sie so weiter, bis 1 Quadrat und 4 Dreiecke entstanden sind. Mit dem zweiten Fadenende verfahren Sie auf der anderen Seite ebenso. Das Resultat ist ein Würfel mit zu 8 Dreiecken abgeschrägten Ecken.

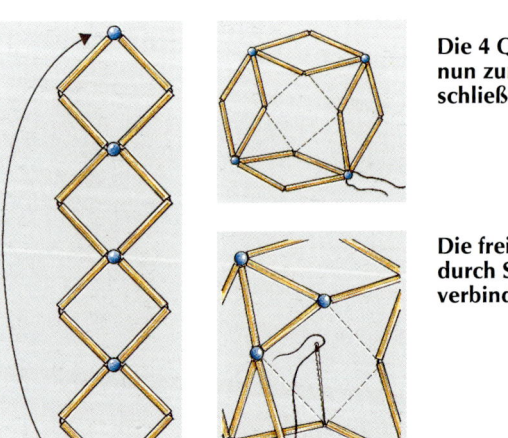

Die 4 Quadrate nun zum Ring schließen

Die freien Ecken durch Strohstücke verbinden

4 Quadrate aneinanderarbeiten

Mit ihren glitzern-
den Perlen könn-
ten die farbigen
Würfel ein sehr
dekorativer Christ-
baumschmuck
werden. Gleich-
zeitig passen sie
als Mobile in jede
Jahreszeit

DER PLASTISCHE SECHSSTRAHLENSTERN

Der umseitig beschriebene Würfel bildet den Ausgangspunkt für die hier abgebildeten Sterne. Sie können sie mit 6 oder 8 Strahlen arbeiten, wenn Sie den Quadraten und Dreiecken Spitzen aus stabilen Halmen aufsetzen. Für einen Sechsstrahlenstern brauchen Sie zusätzlich 24 etwa 11 cm lange Halme und 6 Perlen. Knoten Sie in der Mitte eines ca. 40 cm langen Doppelfadens 1 Perle fest. Ziehen Sie nun zunächst eines der 4 Fadenenden durch einen Strohabschnitt, umschlingen Sie 1 Perle des Würfels, und verknoten Sie den Faden sehr fest. Verfahren Sie ebenso mit 3 weiteren Halmstücken, und verknüpfen Sie jeweils 1 Faden an 1 Perle des begonnenen Quadrats.
Die aufgesetzten Halme wirken wie ein Viererstrahl.
Binden Sie nun ebenso auf die anderen Quadrate des Würfels je 4 Halmstücke, und Sie erhalten einen Stern mit 6 Strahlen. Überprüfen Sie noch einmal die Festigkeit aller Knoten, und kleben Sie die gekürzten Fadenenden jeweils in eine Halmöffnung (Pritt Alleskleber).

DER PLASTISCHE ACHTSTRAHLENSTERN

Auf die gleiche Weise können Sie einen Stern mit 8 Strahlen fertigen, die auf die Dreiecke gebunden werden. Sie benötigen dazu 24 Strohteile und 8 Perlen. Da Sie die Dreiecke ja nur mit 3 Strohenden arbeiten, sollten Sie jeweils durch 1 Halm 2 Fadenenden ziehen und sie an 1 Perle verknoten. Für ganz geduldige Bastler gibt es noch die Möglichkeit eines Sterns mit 14 Strahlen. Dazu benötigen Sie 48 Halmstücke und 14 Perlen. Die Strahlen auf den Quadraten und auf den Dreiecken dürfen hier unterschiedlich lang sein, z. B. 8 und 10 cm.

Tip: Sollte trotz aller Vorsicht ein Halmende schlitzen, läßt sich der Schaden mit Hilfe von durchsichtigem Klebefilm beheben

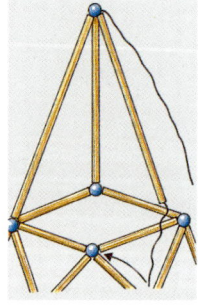

Aufsetzen eines Viererstrahls auf ein Quadrat des Würfels

Der plastische Strohstern mit seinen zahlreichen Strahlen stellt in allen Farben eine wirklich außergewöhnliche Dekoration dar

EINE GROSSE WANDDEKORATION

Ein Sechszackenstern aus Karton als Gerüst (s. Zeichnung) wurde in der Mitte und auf den Achsen mit gebügeltem roten Stroh beklebt.

Die 6 Strahlen sind im Wechsel aus gelben und orangen Strohblumen gestaltet, die Spitzen mit grünen Blüten betont. Die Mitte ziert zusätzlich ein roter Strohblumenkranz mit gelber Mittendekoration.

Der Stern ist auf einer sechseckigen und mit braunem Klebevelour bespannten Pappunterlage festgenäht. Die Fäden wurden auf der Rückseite verknotet. Die Pappunterlage steht an allen Strahlen ca. 10 cm über.

Alle Klebearbeiten sind mit einer Pattex Pistole ausgeführt worden. Der Stern hat einen Durchmesser von 45 cm.

Maße für das Gerüst:

Gesamtdurchmesser:	45,0 cm
Streifenbreite:	1,2 cm
Durchmesser der Mitte:	7,0 cm
Achsenlänge ab Kreisrand:	8,0 cm
Seitenlänge der Strahlen:	15,0 cm

Ein Beispiel für die Vielfalt an Möglichkeiten, Wände **zu schmücken, ist dieser Strohblumenstern**

In der Reihe SCHÖNES HOBBY
sind ebenfalls erschienen:

Jeder Band ist durchgehend vierfarbig und
enthält zahlreiche Fotos und Zeichnungen
sowie einen Vorlagebogen.